liste ne rendrait aucunement celui-ci plus ardent à la confection des lois.

La stabilité ministérielle sera-t-elle plus assurée par le scrutin de liste que par le vote uninominal?

En aucune façon: aussi longtemps que par le maintien de la centralisation actuelle les ministres pourront disposer d'une foule de faveurs et de places, et qu'en même temps par le maintien de la confusion des pouvoirs, les députés pourront renverser les ministères, il s'établira continuellement des brigues dans les chambres entre les différents groupes pour s'emparer des portefeuilles et de toutes les riches prébendes qu'ils contiennent.

Avec le scrutin de liste, les députés seront-ils plus indépendants des ministres?

Nullement, car la proie des places étant toujours en leur vue et à leur portée, ils n'y seront pas moins attirés qu'aujourd'hui. Seulement comme ils dépendront moins étroitement de leurs électeurs, les députés seront plus libres de solliciter exclusivement pour leurs parents, leurs amis et leurs créatures.

Non, nous l'avons dit et redit, et nous le redisons encore, pour abolir immédiatement le marchandage de ministres à députés et de députés à électeurs et réciproquement, pour assurer en même temps la stabilité ministérielle, l'ordre et la suite dans les affaires, il y a un moyen et il n'y en a qu'un: la séparation des pouvoirs législatif et exécutif, il faut que les chambres ne puissent plus faire tomber ni un ministère, ni un ministre.

Mais outre qu'il ne remédie à rien, le scrutin de liste est plein de vices et de périls:

1° En tout gouvernement quelle qu'en soit la forme, par lui:

Les minorités sont sacrifiées en chaque circonscription et ne peuvent s'y faire représenter.

Quelques chefs de file servant d'enseigne, font partout élire à leur suite une foule de médiocrités;

De plus il n'y a nulle part aucun lien entre l'élu et l'électeur.

2° Si le gouvernement est centralisé comme aujourd'hui en France, les vices et les périls du scrutin de liste sont bien plus grands encore.

Au gouvernement qui trouve dans l'administration partout disséminée une agence électorale toujours prête et forcément dévouée, nul ne peut résister.

Sauf quand l'opinion publique est surchauffée et que les évènements ont fourni à l'opposition une organisation toute faite comme aux 363 après le seize mai, ou dans quelques circonscriptions exceptionnellement armées pour la résistance, tous les hommes de caractère indépendant, de lutte et de combat sont inévitablement condamnés à échouer piteusement.

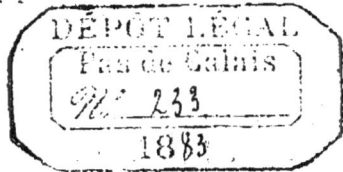

LA
RÉVISION DÉMOCRATIQUE

❖•❖•❖

13 et dernier (*)

Réfutation des objections
et conclusion.

❖•❖

§ 1

Objection en faveur du scrutin de liste

—Vous savez, Charles, quelles objections nous présentent souvent des républicains sincères, mais insuffisamment éclairés : il faudrait tâcher de faire la-dessus lumière complète.

D'abord vous avez dû bien des fois vous entendre dire:

(*) Nous avions parlé à la fin de l'article 12, d'un résumé des articles précédents: nous y avons renoncé dans la crainte de fatiguer les lecteurs par une répétition.

«Je reconnais avec vous que nos députés ne font rien, que continuellement accablés par les demandes de places de leurs électeurs, ils ne peuvent s'appliquer à la confection des lois : POUR CHANGER CELA, IL NOUS FAUDRAIT LE SCRUTIN DE LISTE.»

Eh bien, il est nécessaire de montrer à tous ceux qui pensent ainsi et qui sont nombreux, d'abord que le scrutin de liste ne rémédierait pas à la stérilité législative de nos députés, qu'ensuite il a de grands vices et présente de grands périls.

— Cela ne me paraît pas bien difficile, Louis.

D'abord si le scrutin de liste avait par lui-même la vertu de procurer aux législateurs l'amour du travail législatif, nos 225 sénateurs amovibles élus au scrutin de liste, nous donneraient le consolant spectable de législateurs infatigables: est-ce bien là celui qu'ils nous donnent?

Un second motif présenté en faveur du scrutin de liste, c'est que dans ce système l'élu est moins dépendant de l'électeur et par suite plus libre de s'appliquer entièrement à l'accomplissement de ses devoirs: mais nos 75 sénateurs inamovibles sont les législateurs les plus indépendants que l'on puisse imaginer, en travaillent-ils davantage?

Ainsi ni par lui-même, ni par l'accroissement d'indépendance qu'il donnerait au député, le scrutin de

Quant au gouvernement, il ne donne naturellement accès dans ses listes qu'aux hommes prêts à lui rendre aveuglément tous les services, à voter toujours sans hésiter à son commandement.

La chambre devient ainsi la servante de l'exécutif, du ministère; le suffrage universel est escamoté, la nation n'est plus représentée; et les faibles garanties du parlementarisme mêmes sont anéanties.

Bref en centralisation le scrutin de liste, c'est la voie ouverte au césarisme, au despotisme, suivant le rêve des chefs opportunistes.

Est-ce aussi de cette façon, Louis, que vous jugez le scrutin de liste?

— Tout-à-fait, Charles.

Alors je continue et je prends les objections **contre** la décentralisation.

§ 2

Objections diverses contre la décentralisation.

1

Un républicain me dit: « Je veux autant que vous la liberté et le progrès de nos libertés, mais je **veux** en même temps la république une et indivisible, et je ne puis accepter votre décentralisation.

Il ne comprend pas que dire « je veux la liberté et

la centralisation équivaut à dire je veux la liberté, mais je veux conserver une organisation gouverne - mentale qui puisse continuer à confisquer la liberté, c'est-à-dire, je veux l'impossible, car en régime de centralisation pure comme le nôtre, le gouvernement est si fort et le simple citoyen si faible, les agents du gouvernement sont toujours si bien soutenus par leurs supérieurs, et les juges qui attendent du pouvoir leur avancement sont si dépendants de lui que le citoyen n'a aucune chance de trouver justice contre les illégalités et les oppressions des agents du gouvernement, et que les droits constitutionnels des citoyens resteraient lettre morte lors même que la constitution les reconnaîtrait et les garantirait.

Il ne comprend pas que des juges élus et un jury élu par les justiciables, ce qui constitue la décentralisation judiciaire, peuvent seuls efficacement assurer le respect des droits constitutionnels des citoyens ou ce qui est la même chose assurer la liberté des citoyens et que l'élection des fonctionnaires, c'est-à-dire la décentralisation administrative assure presque seule cette liberté, sans nécessité de recours aux juges.

2

Un second me dit: « La décentralisation, c'est l'oppression des républicains par les cléricaux et les monarchistes dans la moitié de la France, je n'y souscrirai jamais. » •

Que répondre à cette affirmation?

D'abord notre projet de constitution démocratique spécifie toutes les libertés constitutionnelles des citoyens et elle imposera à toutes les parties du territoire les institutions nécessaires pour assurer le respect de ses libertés; par exemple pour garantir la liberté de conscience, elle imposera la séparation des églises et de l'État, l'entretien des cultes par la contribution volontaire des particuliers, la laïcité de tous les services publics communaux, départementaux ou nationaux, et ainsi de même pour les autres libertés. De plus en quelque lieu que ce soit de la république un citoyen opprimé sera toujours certain d'obtenir justice et protection contre le gouvernement local auprès du gouvernement national, de la cour suprême.

Mais en outre les anciens partis ne seraient-ils pas déjà réduits à l'état d'armées sans soldats, d'états-majors impuissants, le peuple entier de la France des Alpes à la mer du Nord et des Pyrénées aux Vosges ne serait-il pas déjà partout énergiquement dévoué aux institutions républicaines, si l'égoïsme bourgeois de nos chambres et de nos gouvernants n'avait retardé jusqu'à des jours inconnus toutes les grandes réformes vraiment démocratiques telles que la réduction du service militaire et du chiffre de nos armées permanente, l'abolition des impôts indirects, la réduction des frais et des formalités de justice, etc. etc. ?

Dites, Louis, sans le profond égoïsme de notre classe républicaine dirigeante ou réactionnaire, les anciens partis ne seraient-ils pas réduits partout à l'impuissance, et pourrait-on encore redouter quelque part l'éventualité de leur oppression?

— Je le sais, Charles, mais lorsqu'il s'agit de privilèges communs à défendre, tous les partis sont unis par l'esprit de conservation contre le peuple qui revendique ses droits et demande la justice.

3

« Votre décentralisation, me dit un troisième, c'est la guerre civile, c'est le démembrement de la France . »

Comprenez-vous, Louis, une idée semblable?

C'est lorsque les provinces pourront librement réaliser chez elles toutes les améliorations désirables, qu'elles songeront à guerroyer l'une contre l'autre !

C'est lorsqu'elles seront libres et heureuses qu'elles songeront à se séparer de la nation !

La France est-elle donc comme l'Autriche un assemblage disparate de peuples de toutes langues, de peuples conquérants et de peuples conquis, de peuples oppresseurs et de peuples opprimés?

Ne sommes-nous pas une même nation qui depuis plus

de deux mille ans ? Ne sommes-nous pas unis par de longs siècles de douleurs et de joies, de désastres et de succès partagés ?

N'est-il pas insensé de parler de la possibilité d'un démembrement volontaire en présence du spectacle de fidélité, d'affection et de regrets que nous donne l'Alsace-Lorraine depuis sa séparation imposée, quoiqu'elle n'ait vécu que deux siècles de notre vie ?

Et puis en assurant les libertés provinciales, notre constitution démocratique n'établit-elle pas en même temps les règles qui garantissent la paix et l'union de toutes les provinces ?

Ainsi voir et redouter le démembrement dans la décentralisation démocratique, c'est une véritable aberration.

4

« J'accepterais la décentralisation administrative et judiciaire, le droit pour la commune et le département d'élire ou de nommer ses fonctionnaires et ses juges ; mais la décentralisation constituante et législative, le droit pour la commune et le département de s'organiser à son gré et de faire ses réglements et ses lois, je n'y souscrirai jamais : ce serait le comble de la confusion et du désordre, le rebours du progrès, l'anéantissement du travail et du fruit de neuf siècles d'efforts et de luttes. »

Ainsi m'a parlé un républicain, persuadé de faire ainsi juste part à la conservation et au progrès.

— Que lui avez-vous répondu, Charles?

— La décentralisation administrative et judiciaire que vous acceptez, lui ai-je dit, serait déjà je le reconnais, un grand progrès par rapport à notre état actuel. En conférant à la commune et au département, le droit de nommer et d'élire ses fonctionnaires et ses juges, elle fournirait aux citoyens une puissante garantie du respect de leurs droits constitutionnels, parce qu'ils auraient toute chance d'obtenir le respect de ces droits de la part des fonctionnaires et des juges élus à temps par eux, pourvu que d'ailleurs la constitution spécifie et garantisse ces droits au-dessus de toutes lois contraires.

Mais comment ne voyez-vous pas qu'en refusant la décentralisation constituante et législative à la commune et à la province, vous empêchez en même temps la vie et les libertés communales et provinciales et que vous enrayez le progrès.

En effet qu'est-ce que la liberté pour une commune, si ce n'est le droit d'agir c'est-à-dire d'établir et réaliser chez elle toute institution qui lui paraît utile à ses habitants, pourvu qu'elle ne porte atteinte, ni aux droits constitutionnels des citoyens, ni aux droits des citoyens, ni aux droits des autres communes, etc. ?

Or pour réaliser une institution soit dans la commune, soit dans la province, il faut à celle-ci le droit constituant si c'est une institution d'ordre fondamental, le droit législatif si c'est une institution secondaire.

Ainsi sans la décentralisation constituante et législative, pas de liberté communale ou provinciale.

Maintenant examinons le point de vue du progrès:

Qu'est-ce qu'un progrès? c'est la découverte d'un rapport dont l'application sera utile et féconde.

Qui fait cette découverte? toujours un individu mieux doué que la masse.

Pour l'application de la découverte, que faut-il? si elle est d'ordre politique ou social et qu'elle puisse s'appliquer en un groupe restreint, en une commune par exemple, et si la commune jouit de la liberté, il suffira à l'inventeur de gagner une commune à son invention. Aussitôt elle y sera essayée et si elle est vraiment utile, féconde, elle se répandra rapidement en pays de liberté par la force de l'exemple, par la puissance irrésistible du succès expérimentalement démontré.

Mais si la centralisation constituante et législative refuse à toute commune, à toute province, le droit d'établir une institution, soit par exemple une nouvelle assiette de l'impôt, soit une autre organisation de l'enseignement, soit même le vote des femmes en certaines circonstances, etc., etc., le progrès ne pourra être réalisé qu'après que l'inventeur aura converti à son idée la majorité de la nation; il lui faudra peut-être vingt ans d'efforts et de peines pour y aboutir, et combien d'inventions utiles ne seront pas exposées à s'engloutir et à disparaître avant d'avoir pu atteindre le niveau de la majorité nationale?

Voyez-vous maintenant que la décentralisation constituante et législative est la condition indispensable des libertés communales et provinciales ainsi que du progrès politique, éducationnel et économique?

Voilà ce que je lui ai répondu, Louis, et il s'en est allé hésitant et pensif.

— Naturellement, Charles.

En voilà assez pour la décentralisation, pour en démontrer la nécessité et la fécondité. Passez à une autre objection.

§ 3. — Objection contre le Referendum.

— Il y a encore dans notre constitution démocratique, Louis, une innovation qui effraye les républicains bourgeois, et qui leur fait dire à propos du Referendum: «Quoi! vous confieriez à ce peuple ignorant le soin et le droit de rejeter les lois.

D'abord, leur répondrai-je, nous n'avons pas proposé le Referendum obligatoire, mais seulement le

Referendum facultatif; nous n'avons pas soumis toutes les lois à la ratification du peuple, mais nous
avons seulement proposé de donner au peuple le droit
de rejeter les lois qui lui paraîtraient injustes ou
dangereuses.

Ensuite vous admettez sans hésiter que les électeurs avant d'élire leur mandataire aient le droit de
lui imposer leur programme électoral, c'est-à-dire
la liste des lois qu'ils réclament comme condition de
leurs suffrages:

Or si les mandataires de la nation au lieu de lui
donner les lois qu'elle a demandées, qu'ils lui ont
promises, qu'ils sont convenus de lui donner, cher-
chent à lui imposer des lois injustes ou oppressives,
si au lieu des libertés et des allègements réclamés et
convenus, les mandataires de la nation veulent lui
imposer de nouvelles entraves et un surcroît de char-
ges, n'est-il pas de droit strict et indéniable que la
nation, que les électeurs aient le pouvoir de rejeter
les lois en contradiction avec le mandat donné, avec
le programme électoral accepté?

« Mais si le peuple se trompe, m'objecterez-vous
peut-être, il nous fera payer ses erreurs et peut-être
bien chèrement. »

C'est vrai, mais vous pourrez l'éclairer : lorsqu'une
loi sera soumise au rejet de la nation sur la demande

soit de la chambre de contrôle, soit de cinq cent mille électeurs, les partisans et les adversaires de la loi recourront pour gagner les suffrages des électeurs à tous les moyens de discussion et de propagande par la presse, les conférences, les réunions publiques. De sorte que d'abord cette institution concourra à faire l'éducation politique du peuple; ensuite lorsqu'il votera, il aura entendu le débat de la question et il sera au moins aussi bien en situation de la résoudre que lors de l'élection, il a été en situation de voter un programme électoral; enfin il aura pour guide et pour stimulant son intérêt, c'est-à-dire, le guide habituellement le plus sûr.

«Mais encore, s'il se trompe, ajouterez-vous ?»

S'il se trompe, le peuple qui forme environ les neuf dixièmes de la nation, supportera jusqu'à concurrence des neuf dixièmes les conséquences de son erreur, et il apprendra comme tout être humain apprend bien c'est-à-dire, à ses dépens. Ce sera aussi un peu aux dépens des bourgeois, je le reconnais, mais pour une part restreinte, tandis que depuis quatre-vingt-dix ans de domination bourgeoise, le peuple subit pour la grosse part et presque pour le tout les fautes de la bourgeoisie, sans préjudice des mesures oppressives et iniques qu'elle a si souvent volontairement prises contre lui.

Dites-moi, lorsque vous avez autorisé ou approuvé

les guerres ou expéditions de Crimée, de Syrie, de Chine, du Mexique, la guerre avec la Prusse, les expéditions de Tunisie, du Tonkin, etc., qui a payé et paie encore ces erreurs ou ces crimes? ce ne sont pas vos fils exonérés sous l'empire, volontaires d'un an sous la République, mais c'est le peuple qui en a fait et en fait encore les frais par le sang de ses fils .

Lorsqu'en 1871 vous avez refusé toute conciliation avec la commune de Paris, n'est-ce pas le peuple qui a payé votre aveugle cruauté?

Ainsi, bourgeois républicains ou autres, lors même que par le Referendum vous seriez exposé à partager les conséquences des erreurs commises par le peuple, ce ne serait qu'une juste expiation de vos propres erreurs.

Mais ce n'est pas seulement pour des fautes que vous devez compte.

Toutes les iniquités que vous avez commises en monopolisant autrefois le droit de vote, en confisquant les libertés de la presse et des réunions, qui les a payées si ce n'est le peuple?

Toutes celles que vous commettez encore aujourd'hui en refusant la liberté d'association, la sécurité individuelle, la liberté des cultes par le maintien du concordat; en imposant au peuple cinq ans de service militaire, le service meurtrier des colonies et le poids des guerres et des interventions armées, tandis que vos fils retenus une seule année la passent en France à l'abri de tout péril; enfin en mettant à la charge du peuple tous les droits dits protecteurs, les 2/3 de l'impôt que vous devriez payer seuls, en le laissant tous les jours livré aux gens de justice qui le criblent de frais, amendes, papier timbré et honoraires; qui si ce n'est le peuple, peine tous les jours sous le poids et le coup de vos iniquités, de votre égoïsme et de votre rapacité?

Et quand vous faîtes ou maintenez de pareilles lois, vous ne voudriez pas que le peuple pût en exiger le rejet ou l'abrogation au moyen du Referendum! Pourquoi ne pas dire alors crûment que la victime doit continuer à se laisser toujours égorger sans résistance!

§ 4

Ce qu'il nous faut, c'est la révision sociale

tel est le cri des anarchistes, des collectivistes, etc..

Citoyens, leur répondrai-je, je reconnais avec vous que la révision sociale ou économique est utile, nécessaire, indispensable même, et que sans elle la révision politique restera toujours inévitablement précaire.

Je reconnais encore qu'à conditions égales de réalisation, nous devrions choisir de préférence la révision économique d'abord parce qu'elle remédierait immédiatement à de plus grands maux, ensuite parce qu'elle nous conduirait sûrement à la révision politique.

J'avoue également que si le peuple ouvrier de l'industrie et de l'agriculture n'apercevait pas bien le lien nécessaire qui existe entre les deux révisions, si par suite il refusait de s'intéresser à la révision politique, de la réclamer avec l'énergie nécessaire pour l'obtenir; qu'alors nous devrions laisser de côté le point de vue politique et nous attacher exclusivement à l'exposition de la révision sociale.

Je reconnais enfin que nous devrions encore procéder de cette façon, si la bourgeoisie faisait obstinément obstacle à la révision politique et si pour vaincre cette opposition nous avions besoin d'un grand effort, d'une poussée populaire irrésistible: parce que l'enthousiasme et la persévérance du peuple ouvrier seraient beaucoup plus faciles à obtenir pour le triomphe des réformes sociales que pour celui des réformes politiques.

Mais la révision politique ne touchant pas immédiatement et d'une façon aussi profonde aux intérêts de la bourgeoisie il est probable que la classe bourgeoise aujourd'hui maîtresse du pouvoir y fera moins opposition qu'à la révision sociale, de sorte qu'avec un effort moyen des classes populaires il sera pos-

sible de l'obtenir .

Or aussitôt que la révision polititique aura assuré la liberté aux municipalités par la décentralisation, celles-ci pourront entrer dans la voie des réformes sociales et les essayer avec beaucoup moins de périls et beaucoup plus de rapidité que dans le régime actuel de centralisation.

§ 5
CONCLUSION
Qui doit fonder la démocratie ? Le peuple.

Qu'est-ce que la démocratie, c'est la souveraineté du peuple, c'est au point de vue politique la nation formant une seule et même classe.

Pour construire la démocratie politique, il faut donc abolir le régime actuel en deux classes, il faut au point de vue politique achever l'expropriation de la bourgeoisie commencée par l'institution du suffrage universel; il faut enlever à cette classe tous les privilèges qu'elle s'est arrogés depuis le jour où elle a conquis le pouvoir, et par ce juste dépouillement la ramener politiquement au niveau national.

Or les bourgeois sont des hommes et ne sont que des hommes; parmi eux comme dans toutes les classes, les caractères doués du sentiment de la justice jusqu'au dévoûment sont l'immense exception.

Qui oserait en effet assurer qu'il s'en trouve par-

mi eux plus d'un sur dix, peut être même plus d'un sur
cent assez trempé dans la justice, assez énergiquement juste pour savoir volontairement non-seulement
se dépouiller lui-même mais dépouiller en même temps
ses enfants de tous les privilèges assurés à sa classe
par la persévérante élaboration des constitutions et
des lois depuis 1789 ?

Ainsi pour le peuple, attendre de ses députés et
sénateurs bourgeois la construction de la démocratie,
c'est à la fois pure naïveté et complet aveuglement .

Nos pères les bourgeois de 1789 ont-ils confié aux
membres de la noblesse et du clergé la mission de se
dépouiller de leurs priviléges et de fonder le régime
bourgeois, le régime en deux classes? Non , ils n'é-
taient pas si naïfs , ils connaissaient mieux les hommes , et ils savaient qu'eux-mêmes et eux seuls les
vrais intéressés à la fondation de l'ordre nouveau auraient la volonté et l'énergie nécessaires pour le réaliser.

Vous tous qui composez le nombreux peuple ouvrier
et qui pâtissez sous l'oppression du régime bourgeois,
et vous aussi élite clairsemée de la bourgeoisie qui
étouffant vos préjugés de classe avez voulu et su vous
railler à la juste cause du peuple, profitez de cet
exemple .

Citoyens du peuple ouvrier:

Si vous ne voulez plus que vos fils soient envoyés à la mort soit pour garder des colonies malsaines, soit en guerroyant dans tous les lieux du monde pour enrichir quelques spéculateurs, soit à titre de diversion pour empêcher et enrayer vos justes revendications;

Si vous ne voulez plus que vos enfants continuent à payer comme vous l'impôt à la décharge du riche, à être dépouillés pour payer les frais de justice, à être jetés en prison au moindre signe et au moindre cri;

Si vous voulez conquérir le droit d'association qui est la voie de grandes conquêtes;

Si vous voulez alléger le poids si lourd pour vous des armées permanentes et vivre en paix fraternelle avec toutes les nations ;

Si vous voulez vivre en pleine liberté au dedans soit comme citoyen, soit aux divers degrés de la vie communale, provinciale ou nationale;

Si vous voulez que désormais la justice éclairée par la science devienne bienveillante et humaine pour les malheureux qui sont dévoyés soit par leurs défauts naturels soit par les vices de l'organisation sociale;

Si vous voulez que désormais toutes les questions, toutes les difficultés se résolvent parmi vous par la discussion, la raison, la persuasion et le libre consentement, à l'exclusion de la force et de la ruse;

Si vous voulez en un mot fonder la démocratie

politique, voie et moyen de la démocratie économique ou sociale;

Comptez sur vous-mêmes et ne comptez que sur vous-mêmes.

Persuadez-vous bien que pour aboutir, pour fonder la démocratie, il n'y a qu'une voie, qu'un moyen:

C'est que désormais vous n'en confiiez la mission qu'à vous et aux vôtres;

C'est que dans toutes les élections vous ne choisissiez en grande majorité pour faire les affaires du peuple que les membres et les enfants du peuple;

C'est que désormais vous n'appeliez à composer les assemblées délibérantes depuis le conseil municipal jusqu'aux chambres, que vous et les vôtres, que les membres du peuple ouvrier pour la plus grande partie, pour la presque totalité.

C'est qu'au lieu d'accorder d'emblée au premier bourgeois venu et aux plus grands faiseurs de promesses les mandats les plus élevés de la vie politique tels que ceux de députés ou de sénateurs, vous ayez toujours bien soin d'éprouver à l'œuvre vos mandataires, en leur confiant d'abord les mandats inférieurs tels que ceux de membres d'une commission ou d'un conseil municipal; que vous n'éleviez jamais à une assemblée supérieure que ceux qui dans l'accomplissement de leur mandat auront fait preuve d'activité, de capacité et de fidélité; c'est qu'enfin vous ayez toujours soin de les élever graduellement, à fin que chacun d'eux reste ou parvienne à sa vraie mesure, à fin surtout que les postes élevés de la puissance législative ne soient jamais plus confiés qu'en mains tout-à-fait sûres.

Et soyez assurés que du jour où vous serez devenus assez intelligents et assez forts pour accomplir cette résolution, du jour où vous saurez faire usage pour vous et non plus contre vous de l'irrésistible talisman que le suffrage universel a mis en vos mains, vous verrez bientôt s'éteindre rapidement le règne si long de l'iniquité, et s'ouvrir désormais pour vous et pour vos enfants ce règne de la justice et du bonheur que depuis leur origine, et de génération en génération les sociétés humaines travaillent toutes à construire.

— FIN. —

— Maintenant, Louis, que nous avons résolu les principales objections et donné notre conclusion, notre travail est achevé et notre tâche accomplie.

Mais si les études sur le progrès démocratique ont pour vous autant d'intérêt qu'elles en ont pour moi, nous pourrons plus tard les reprendre, et travailler ensemble à éclaircir ces premières notions, à les compléter et à les asseoir solidement.

Avec plaisir Charles, car aucune étude ne prime aujourd'hui en utilité et en intérêt, celle de la transformation démocratique de notre société française et des sociétés européennes qui nous entourent.

Un Révisionniste,

CH. BAGGIO.

Carvin, le 20 Août 1883.